PAIDEIA
ÉDUCATION

ESCHYLE

Prométhée enchaîné

Analyse littéraire

© Paideia éducation.

1 rue Honoré - 93500 Pantin.

ISBN 978-2-7593-1385-3

Dépôt légal : Novembre 2021

Impression Books on Demand GmbH
In de Tarpen 42

22848 Norderstedt, Allemagne

SOMMAIRE

- Biographie de Eschyle.. 9

- Présentation de *Prométhée enchaîné*....................... 17

- Résumé de la pièce.. 21

- Les raisons du succès.. 27

- Les thèmes principaux... 33

- Étude du mouvement littéraire................................... 39

- Dans la même collection... 43

BIOGRAPHIE DE ESCHYLE

Eschyle est né en 525 ou 526 av. J.-C. à Éleusis, en Attique, dans une famille noble. Il commença très jeune à écrire pour le théâtre, faisant ses débuts d'auteur dramatique vers - 500. Ses pièces de théâtre sont les plus anciennes qui nous soient parvenues de la Grèce antique. On considère parfois Eschyle comme le fondateur du théâtre, même s'il eut des prédécesseurs et de brillants contemporains (notamment Sophocle, plus jeune que lui, qui le battit en - 468 au concours tragique) : selon Aristote, c'est Eschyle qui introduisit dans les tragédies un deuxième acteur (auparavant un seul acteur jouait), ce qui transforma le principe du théâtre, dorénavant constitué de dialogues et représentant une véritable action, et non plus des monologues statiques. En un sens, le dialogue est bien ce qui fonde le théâtre, basé sur la multiplicité des voix. Mais, dans la mesure où l'on n'a pas retrouvé de textes antérieurs à ceux d'Eschyle, la nature exacte des innovations de son théâtre reste mal connue. Par ailleurs, certaines des pièces du dramaturge étaient peut-être jouées par trois plutôt que deux acteurs : il a sans doute en cela imité le jeune Sophocle, qui, pour sa part, introduisit un troisième acteur. Eschyle, un des plus grands dramaturges de son époque, qui changea la nature du théâtre, fut également acteur et musicien.

Il était aussi un homme de guerre qui, durant les guerres médiques, combattit à Marathon, à Salamine et peut-être aussi à Platées. Selon une de ses biographies anonyme, son épitaphe était : « Eschyle d'Athènes, fils d'Euphorion, est ici couché sans vie sous ce monument, dans la terre féconde de Géla. S'il combattit vaillamment, le bois sacré de Marathon pourrait le dire, et aussi le Mède chevelu, qui en a fait l'épreuve. »

La guerre est d'ailleurs un thème omniprésent dans son œuvre, de même que la politique. Eschyle a probablement commencé sa carrière de dramaturge à Athènes, vers l'an 500 av. J.-C., et sa première victoire aux concours tragiques se situe en - 484. *Les Perses* (- 472) est sa plus ancienne tragédie conservée, et donc la plus ancienne tragédie grecque qui nous soit parvenue. Ainsi, c'est dans l'Athènes de Périclès, à la fin des guerres médiques, qu'Eschyle fait carrière : c'est l'âge d'or culturel, artistique et philosophique d'Athènes. C'est aussi les débuts du système démocratique athénien, système dans lequel le débat est au cœur de la vie politique : on comprend pourquoi le théâtre, lieu de la parole multiple et du dialogue, est un des principaux moyens d'expression artistique de la cité. Et de fait, l'enjeu des pièces d'Eschyle est très souvent l'ordre dans la cité. Ainsi, la légende des Atrides, dans *L'Orestie*, a une conclusion politique dans laquelle l'Aréopage, une des principales institutions du système démocratique athénien, est posé comme juge suprême. Eschyle est un dramaturge profondément citoyen : l'amour de la gloire et de la patrie, notamment exprimé dans *Les Perses*, est au cœur de ses pièces. Mais c'est plus particulièrement la guerre, comme principale remise en cause de l'ordre, qui occupe les pièces d'Eschyle : décrite de façon terrifiante, la guerre est l'occasion de poser les questions essentielles de la responsabilité des hommes face à un destin ou à des dieux. Les personnages des chefs, qui assument ou non cette responsabilité, occupent souvent la première place : qu'ils soient des modèles ou des contre-exemples de bons rois, en eux se nouent les questions du devoir et de la justice. Agamemnon, par exemple, est un roi victorieux, mais la guerre qu'il a menée était injustifiée et fondée sur le sacrifice de l'innocente Iphigénie. La justice est la valeur fondamentale du théâtre d'Eschyle. Eschyle dénonce l'*hybris* des hommes, des peuples, ou même des dieux, qui vont à l'encontre de cette justice. Le *Prométhée enchaîné* n'a pas pour sujet la guerre entre les hommes, mais pose aussi la question de la justice : la justice divine de Zeus punit la démesure de Prométhée, mais cette justice tyrannique et arbitraire est fortement remise en cause. Si Prométhée est condamné pour avoir désobéi aux ordres de Zeus, il prédit la punition à venir de Zeus, qui lui aussi est démesuré dans l'exercice de son pouvoir : aussi y a-t-il, au-dessus de Zeus, pourtant maître des dieux, un pouvoir plus grand.

Dans l'ensemble, les pièces d'Eschyle laissent une part très importante au chœur et s'attachent à montrer des événements dramatiques et des émotions intenses plutôt qu'à développer une psychologie des personnages. Ceux-ci ne sont jamais dans l'introspection, ils expriment directement la façon dont ils subissent ces événements : angoisse ou souffrance. Il n'y a pas de combat intérieur chez les personnages d'Eschyle, contrairement aux tragédies de Sophocle. Les tensions n'existent qu'entre les personnages. Ses personnages et ses intrigues sont ainsi très simples, et ses pièces ont toujours pour sujet des épisodes mythiques (sauf *Les Perses*), épisodes qui placent les hommes face aux dieux. Eschyle montre donc, plutôt qu'il n'analyse, un monde dont l'ordre est prédéterminé, préexistant aux volontés humaines ou divines : la nécessité, la fatalité ou le destin décident des événements. Les dieux, eux, sont des puissances condamnatrices pour les hommes qui commettent la faute de l'*hybris*. Les hommes sont donc soumis à des forces supérieures auxquelles ils doivent se plier. Mais là où la tragédie est salutaire, c'est que son issue montre la possibilité d'une justice plus humaine au sein de la cité : si les dieux continuent à diriger les destins humains, les dieux cruels deviennent des dieux plus cléments, qui soumettent les hommes à une justice moins arbitraire. Ainsi, les Érinyes, dans *L'Orestie*, deviennent les Euménides.

Le théâtre d'Eschyle est ainsi, tant dans les thèmes que

dans la mise en scène, très solennel, et demeure imprégné de respect religieux, très dépouillé. Ses effets dramatiques sont basés sur la puissance de l'expression et sur des images saisissantes (apparition des dieux, par exemple), plutôt que sur un décor qui devait être très sommaire. Les passages épiques ou lyriques font du théâtre d'Eschyle un théâtre du sublime, où la parole se met au service de la religion ou de la patrie.

Le dramaturge aurait écrit soixante-treize ou quatre-vingt-dix tragédies, qui formaient des trilogies, car on assistait alors à trois pièces d'affilée. Eschyle passe pour l'inventeur de la tragédie liée, c'est-à-dire construite autour d'un même thème, avec souvent un ordre chronologique. Mais nous n'en possédons que sept exemples : *Les Perses* (- 472), *Les Sept contre Thèbes* (- 467), *Les Suppliantes* (peut-être - 463), *Prométhée enchaîné* (dont la date est incertaine) et une seule trilogie : *L'Orestie* (*Agamemnon*, *Les Choéphores*, *Les Euménides*), la seule trilogie de tout le théâtre grec qui nous soit parvenue. On connaît les titres de certaines des pièces disparues d'Eschyle : *Iphigénie*, *Philoctète*, *Pénélope*, *Les Mysiens*, *Les Femmes thraces*, etc. On a aussi des fragments de pièces, comme pour *Niobé*. Mais pour beaucoup, on ne peut que supposer leur existence, comme celle du *Prométhée délivré* et du *Prométhée porte-feu*, qui accompagnaient probablement le *Prométhée enchaîné* pour former une trilogie. Eschyle eut un grand succès de son vivant et remporta treize premiers prix lors des concours tragiques.

Vers - 460 il se rendit en Sicile, à la cour de Hiéron de Syracuse, où il entra peut-être en contact avec les cercles pythagoriciens. On ignore les raisons de cette expatriation. C'est peut-être là qu'il composa le *Prométhée enchaîné*.

Il meurt en - 456, à Gela. La légende veut qu'il mourût en recevant une tortue sur son crâne chauve, lancée par un vautour (ou un aigle) de l'île (ces oiseaux lançaient leurs proies sur des rochers pour en manger la chair). Il meurt trop tôt pour connaître la guerre du Péloponnèse et le lent déclin qui attend Athènes, au contraire d'Euripide et de Sophocle, ses grands successeurs. Eschyle aura été, autant que poète, un citoyen. Dans sa *Description de la Grèce*, Pausanias (IIe siècle av. J.-C.) écrit : « Eschyle, qui avait gagné tant de gloire par sa poésie et par sa participation aux batailles navales de l'Artémision et de Salamine, quand il vit approcher la mort ne mentionna pas ces batailles et écrivit simplement son nom, le nom de son père, celui de sa cité, et ajouta qu'il attestait comme témoins de sa valeur la baie de Marathon et les Perses qui y débarquèrent. » Il ne fait pas allusion aux tragédies qui l'avaient rendu célèbre.

PRÉSENTATION DE PROMÉTHÉE ENCHAÎNÉ

Écrite par Eschyle à Athènes au V⁰ siècle av. J.-C., *Prométhée enchaîné* est une tragédie jouée pour la première fois entre - 467 et - 456. C'est une pièce problématique car on ne connaît pas l'année exacte de sa création, et son attribution même à Eschyle est contestée. *Prométhée enchaîné* est le premier volet d'une trilogie, qui comprenait *Prométhée délivré* et *Prométhée porte-feu*, volets perdus. Même si l'issue de la trilogie de Prométhée était sans doute un dénouement paisible, où Zeus pardonnait à Prométhée, le supplice de Prométhée condamné par Zeus a inspiré bien des auteurs modernes, voyant en ce personnage le modèle du révolté martyrisé, rebelle au pouvoir, refusant tout compromis. Prométhée, à la fois héros et blasphémateur, représente la cause de la liberté des hommes face aux décisions des dieux, même si lui-même est d'origine divine. Pour cette raison, le personnage de Prométhée a eu une longue postérité dans la littérature, notamment dans la littérature romantique, avec Goethe, par exemple.

RÉSUMÉ DE LA PIÈCE

Héphaïstos (dieu forgeron) a reçu l'ordre d'enchaîner Prométhée. Accompagné de Cratos (Pouvoir) et de Bia (Force), qui sont les serviteurs de Zeus, il arrive avec Prométhée au bout de la terre, pour le clouer et l'enchaîner sur une montagne déserte. Prométhée est un immortel mais, enfreignant les ordres de Zeus, il a volé le feu pour le donner aux hommes. Pour ce sacrilège, il doit être puni. Zeus a donné l'ordre à Héphaïstos de lier et clouer Prométhée à une roche inaccessible. Héphaïstos obéit malgré lui : il admire et respecte Prométhée.

Monologue de Prométhée, qui déplore son sort : « Regardez le Dieu enchaîné, outragé, l'ennemi de Zeus, en horreur à tous les autres Dieux qui hantent la royale demeure de Zeus, à cause de son trop grand amour pour les Vivants. » Il entend arriver des battements d'ailes : c'est l'arrivée des Océanides.

Le chœur et Prométhée se répondent : les Océanides plaignent Prométhée. Prométhée prédit qu'un jour Zeus reviendra sur sa décision et aura besoin de lui. Prométhée raconte pourquoi il a reçu un tel châtiment : lorsque Zeus voulut renverser Cronos, deux camps se formèrent. Les Titans refusaient que Zeus l'emporte sur son père : ils espéraient vaincre par la force. Mais Prométhée, sachant que la ruse vaincrait, aida Zeus. Une fois sa tyrannie établie, Zeus voulut détruire la race des hommes pour en créer une nouvelle. Mais Prométhée s'y opposa et sauva les Mortels de l'extinction. Zeus, sans tenir compte de l'aide que Prométhée lui avait apportée, le punit à présent. Prométhée dit qu'il a aussi donné aux hommes l'insouciance vis-à-vis de la mort (« J'ai mis en eux d'aveugles espérances »), ainsi que le feu. Prométhée savait, en le faisant, qu'il encourrait un châtiment.

Arrivée d'Océan : dialogue entre Prométhée et Océan. Océan compatit et cherche comment aider Prométhée. Il lui conseille de calmer sa colère contre Zeus : « Tu es plus sage pour les autres que pour toi. » Il lui promet de tenter d'obtenir de Zeus son pardon. Prométhée lui recommande de ne rien en faire et évoque les punitions de deux autres Titans : Atlas, qui doit porter la Terre sur ses épaules, et Typhon qui a été anéanti. Il refuse qu'Océan plaide sa cause, de crainte que Zeus ne le punisse lui aussi. Océan : « Ne sais-tu pas que les paroles sont les médecins de la colère, cette maladie ? »

Le chœur des Océanides gémit sur la destinée de Prométhée. Prométhée raconte les bienfaits qu'il a donnés aux Mortels : la compréhension de la nature, le nombre, les lettres, la mémoire, l'agriculture et l'élevage, la navigation, la médecine, la divination, la découverte des métaux : « Tous les arts ont été révélés aux Vivants par Prométhée. » Prométhée ne peut échapper à la nécessité :

« Le chœur : – Qui donc gouverne la nécessité ?

Prométhée : – Les trois Moires et les Érinyes qui n'oublient rien.

Le chœur : – Zeus leur est-il soumis ?

Prométhée : – Certes. Il ne peut échapper à ce qui est fatal.

Le chœur : – Qu'y a-t-il de fatal pour Zeus, si ce n'est de commander toujours ?

Prométhée : – Ne recherche pas cela. N'insiste point. »

Prométhée refuse de révéler le destin à venir de Zeus.

Chants du chœur, qui déplore l'amour trop grand que Prométhée a porté aux Mortels : « Ne vois-tu pas l'inerte imbécillité, semblable au sommeil, qui étreint la race aveugle des mortels ? »

Arrivée d'Io, « Vierge vagabonde ». Io, folle et affamée, erre, poursuivi par le Taon. Elle raconte à Prométhée et aux Océanides ses malheurs : Zeus, épris d'elle, l'a contrainte à partir du palais de son père sous peine de détruire sa patrie. Puis, transformée en vache, piquée par le Taon, elle a parcouru la Terre. Prométhée lui dit ce qu'elle doit faire et ce qui l'attend : elle ira jusqu'en Asie de la sorte. Elle verra des monstres aux extrémités de la Terre, elle se rendra jusqu'en Éthiopie avant d'arriver là où elle pourra s'installer. La mer Ionienne et le détroit du Bosphore recevront leur nom de Io. En Égypte, Zeus s'unira à Io et lui donnera un fils. Ses descendants s'entretueront à la cinquième génération : les femmes tueront leurs maris, sauf une, qui enfantera les rois d'Argos. Prométhée apprend aussi à Io que Zeus perdra un jour sa place de maître des dieux, car il engendrera un fils plus puissant que lui. Un descendant d'Io délivrera Prométhée de ses chaînes, désigné comme un « courageux et illustre Archer ». Io, à nouveau aiguillonnée par le Taon, s'en va.

Chants du chœur, qui plaint Io. Prométhée prédit que Zeus sera renversé.

Arrivée d'Hermès. Zeus demande à Prométhée, par l'intermédiaire d'Hermès, quel est celui par qui Zeus perdra sa puissance. Prométhée refuse de répondre. Il met en colère Hermès, qui prédit à Prométhée que Zeus lui enverra la foudre puis un aigle qui viendra déchirer son corps et manger son foie. Le chœur conseille à Prométhée d'écouter la sagesse et de donner à Zeus l'information qu'il demande. Mais Prométhée refuse encore. Hermès enjoint le chœur de quitter les lieux, mais celui-ci, compatissant envers Prométhée, refuse. Le tonnerre gronde, la pièce se clôt sur une dernière lamentation de Prométhée.

LES RAISONS
DU SUCCÈS

Le mythe de Prométhée est un mythe très connu du monde grec, présent chez Hésiode. Prométhée avait trompé les dieux et aidé les hommes en leur inspirant des ruses et en leur donnant le feu. Zeus le punit en l'enchaînant et en lui envoyant un aigle pour lui manger le foie, foie qui se reformait la nuit. *Prométhée enchaîné* expose le moment où Prométhée est enchaîné sur ordre de Zeus. Hésiode raconte que, plus tard, Zeus finit par se réconcilier avec Prométhée. Or, d'après des notes et des fragments, on peut deviner le contenu des deux tragédies perdues d'Eschyle, *Prométhée délivré* et *Prométhée porte-feu*, qui suivaient *Prométhée enchaîné* dans la trilogie initiale : le Titan y était délivré de ses chaînes, après 30 000 ans, par Héraclès, descendant d'Io, qui tuait l'aigle de Zeus. Prométhée révélait ensuite à Zeus son secret (le fils qui le renversera) : Zeus cessait d'être un tyran. Le culte de Prométhée s'instaurait en Attique. Eschyle suit donc le récit mythologique traditionnel, qui raconte l'opposition originelle entre les hommes et les dieux, et propose comme fondateur des arts et de la culture humaine un personnage divin, puni pour cela par les autres dieux. Pour cette première raison, le *Prométhée enchaîné* est une œuvre fondatrice, car elle restitue un mythe fondateur percevant dans l'humanité des dons divins donnés par un dieu qui en cela a transgressé un interdit.

Cependant, la mise en scène et les thèmes du *Prométhée enchaîné* font qu'il est bien plus que la simple restitution de ce mythe. Zeus, pourtant maître des dieux et objet d'une grande vénération, y est montré comme un personnage peu affable, tyrannique et cruel. De ce qu'on peut deviner de la suite de la trilogie, il deviendra plus conciliant et adoptera le pardon : représentant le passage d'une justice d'abord arbitraire à une justice plus humaine, la trilogie du *Prométhée enchaîné* retrace l'évolution de l'idée de pouvoir dans la cité athénienne du Ve siècle av. J.-C. : du pouvoir arbitraire on passe à une justice plus rationnelle. On peut y voir l'image de l'avènement de la démocratie dans une cité qui a renversé le pouvoir aristocratique des tyrans. Mais on ne peut qu'émettre des hypothèses sur le sens qu'a pu avoir cette trilogie. L'image plutôt négative de Zeus que renvoie le *Prométhée enchaîné* reste, du moins, surprenante, et c'est en cela que la pièce est originale par rapport aux autres tragédies d'Eschyle, et des autres tragédies grecques en général, où Zeus y est toujours présenté avec beaucoup de respect. Ici, Prométhée, qui est le héros, s'oppose à Zeus de façon très violente et catégorique. Il est la figure de l'homme rebelle face aux dieux, de la liberté face à l'arbitraire, de l'insoumission face au pouvoir absolu. Il est aussi l'image même du tragique, d'une attitude noble face à un destin implacable. Aussi cette pièce continue d'interroger ses lecteurs.

Le thème du *Prométhée enchaîné* a inspiré d'autres écrivains grecs, comme Ésope, qui écrivait des fables dans lesquelles Prométhée, dieu du feu et créateur des hommes, était souvent un personnage comique, de même qu'Aristophane, avec *Les Oiseaux*, où Prométhée est un personnage peureux et un peu ridicule. Prométhée est également présent dans la littérature occidentale plus proche de nous, notamment au XVIIIe siècle, avec Goethe par exemple qui, dans un drame inachevé (1773), représente un Prométhée profondément humain, à la fois symbole de la volonté humaine contre la divinité et créateur de la civilisation. Le premier roman de science-fiction, publié en 1818 par Mary Shelley, raconte la création d'un monstre et est intitulé *Frankenstein ou le Prométhée moderne...* En 1899, André Gide propose un Prométhée comique dans la pièce *Prométhée mal enchaîné*.

Par ailleurs, si le *Prométhée enchaîné* d'Eschyle a autant inspiré et marqué les esprits, c'est aussi pour des raisons de forme : l'expression lyrique des souffrances de Prométhée et de la compassion du chœur, l'opposition stylistique entre la grandeur du personnage et l'incapacité où il est d'agir, les thèmes du destin et de la justice, en font une œuvre littéraire majeure, d'un des pères du théâtre et de la tragédie, mais aussi de la littérature occidentale.

LES THÈMES PRINCIPAUX

Deux grands thèmes imprègnent le *Prométhée enchaîné* : la justice et la révolte.

La justice est la valeur fondamentale du théâtre d'Eschyle. Elle est presque une divinité, supérieure aux hommes et aux dieux. Eschyle dénonce l'*hybris* des hommes, des peuples, ou même des dieux, qui vont à l'encontre de cette justice. Dans la plupart des pièces d'Eschyle, Zeus est la puissance qui punit la démesure, considérée comme impie. Ici, Zeus reprend son rôle habituel, mais il semble être lui-même démesuré dans l'exercice de cette fonction. D'où la prophétie de Prométhée, qui prédit à Zeus sa destitution par l'un de ses propres fils.

Quelle est la faute de Prométhée ? Le feu que Prométhée a volé se révèle « un trésor sans prix » (v. 110-111) pour les hommes : c'est le feu de la connaissance. La colère de Zeus se comprend, car le feu élève les hommes à un statut quasiment divin : Prométhée leur a donné les arts et les techniques qui leur permettent d'échapper à leur condition animale. Par ailleurs, il affirme les avoir sauvés de la destruction, car Zeus avait prévu de les anéantir pour les remplacer par une nouvelle race d'hommes. Il encourt donc la punition des dieux, sans surprise.

Si la punition était prévisible, en revanche la violence de cette réaction est surprenante et choquante, surtout quand on apprend du héros que Prométhée a aidé Zeus a renversé les anciens pouvoirs en place et à devenir le nouveau maître des dieux. Zeus n'apparaît à aucun moment de la pièce, mais il est représenté par ses serviteurs, la Force et le Pouvoir, et ses alliés, Héphaïstos et Hermès. Mais Prométhée n'a de cesse de l'accuser, à cause de l'excès de sa punition. C'est la démesure du châtiment qui met en cause Zeus, présenté comme un dieu aveugle et injuste. Ce châtiment provoque crainte et pitié, les deux émotions propres à la tragédie selon Aristote : le chœur, ainsi qu'Océan et Io, compatissent avec le malheur de Prométhée. Tout dans la pièce permet de penser qu'Eschyle prend le parti de son héros Prométhée, dont la révolte est justifiée.

Un deuxième thème, propre aux tragédies en général, mais revêtu d'une importance particulière dans celle-ci, est la révolte. Prométhée subit son destin sans pouvoir rien y faire, mais il refuse de calmer sa colère contre Zeus. C'est là que réside toute la tragédie : quoiqu'ils fassent, hommes et dieux ont un destin tracé, mais la condition humaine se caractérise par sa capacité à se révolter. Prométhée est la figure de la révolte des hommes contre un sort aveugle : il a permis aux hommes d'échapper à un destin fatal, en leur donnant le feu : « Les hommes vivaient sous terre comme des fourmis agiles, au fond de grottes closes au soleil [...] Ils faisaient tout sans recourir à la raison, jusqu'au moment où je leur appris la science ardue des levers et des couchers des astres. Puis ce fut le tour de celle du nombre, que j'inventai pour eux, ainsi que celle des lettres assemblées, mémoire de toutes choses, labeur qui enfante les arts. Le premier aussi, je liai sous le joug des bêtes soumises soit au harnais soit à un cavalier, pour prendre aux gros travaux la place des mortels, et je menai aux chars les chevaux dociles aux rênes... » (v. 453-466). La conquête de la liberté et de l'intelligence, incarnée par Prométhée, est bien ce qui permet aux hommes d'affronter le destin et les forces obscures qui gouvernent le monde, à commencer par la mort. Mais la conclusion du *Prométhée enchaîné* n'est pas la révolte pure : il faut tenir compte du fait que ce n'est que le premier volet d'une trilogie.

Prométhée prédit à Zeus qu'un de ses descendants mettra fin à son règne. Le cours des choses n'est donc pas seulement entre les mains de Zeus : c'est la leçon du *Prométhée enchaîné*, qui se clôt sur une victoire de Zeus, mais une victoire provisoire. En prédisant la fin du règne de Zeus, c'est-à-dire la fin des dieux, Prométhée prédit l'autonomie à venir des hommes par eux-mêmes : dans l'Athènes du Ve siècle av. J.-C., comment ne pas y voir l'annonce de la démocratie ? Plus qu'une figure de l'homme, Prométhée est donc une image de la cité tout entière, déterminée par elle-même seulement, gouvernée par la raison, par opposition au règne sauvage et aveugle des passions incarné par Zeus. Quand Prométhée sera délivré, il sera aussi délivré de sa haine pour Zeus, qui le ronge, de même que l'aigle ronge son foie : la révolte est nécessaire, mais destinée à s'apaiser dans la suite de la trilogie. La raison passe par la parole et le débat : exprimée par le théâtre, elle fonde la démocratie athénienne.

Le personnage de Io, métamorphosée en génisse, victime d'un sort dont elle n'est pas responsable, a en ce sens un rôle important : rendue folle par le Taon, elle n'a d'autres ressources que la plainte. Mais son destin est d'engendrer Héraclès, qui viendra délivrer Prométhée de ses maux. Le destin n'est pas tout à fait absurde, et la révolte de Prométhée est destinée à s'apaiser pour qu'advienne le règne de la raison. Par ailleurs, la prophétie de Prométhée, selon laquelle le fils de Zeus et de Thétis renversera Zeus, ne s'accomplira pas : Zeus, au lieu de s'unir à Thétis, donnera celle-ci en mariage au mortel Pélée, qui engendrera Achille. Ainsi, les dieux se font bienveillants : leur règne aveugle et violent des fils qui tuent leur père va donc s'achever. La résolution du conflit entre le destin et la liberté, entre le pouvoir des dieux et la révolte des hommes sera donc la mesure politique, le règne du droit et de la Justice.

ÉTUDE DU MOUVEMENT LITTÉRAIRE

Le genre tragique est né en Grèce, à Athènes, autour du Ve siècle av. J.-C. Ses origines sont religieuses : les représentations de tragédies avaient lieu lors des fêtes en l'honneur de Dionysos, dieu du vin, des excès et du théâtre. Le mot « tragédie » vient du grec « *tragos* » qui signifie « bouc », l'animal utilisé lors des sacrifices faits à Dionysos, et du grec « *aido* », qui signifie « chanter ».

On connaît la tragédie grecque par les textes de trois grands auteurs : Eschyle (vers - 525 / - 456), Sophocle (vers - 495 / vers - 405) et Euripide (vers - 480 / - 406). Une partie de leur œuvre seulement nous est parvenue : sur les centaines de pièces qu'ils ont composées, on a aujourd'hui sept pièces d'Eschyle, sept de Sophocle, vingt d'Euripide. Ces trois auteurs sont emblématiques d'un âge d'or pour la tragédie grecque, le Ve siècle av. J-C.

On sait que le premier concours tragique donné à l'occasion des Dionysies se situe vers - 534. La plus ancienne tragédie conservée est Les Perses d'Eschyle, créée en - 472. Les tragédies grecques ont inspiré de nombreux auteurs dans les siècles suivants, et constituent jusqu'à aujourd'hui une référence incontournable : personnages et intrigues des tragédiens grecs ont été repris dans le théâtre occidental, jusqu'à nos jours.

Selon Aristote, la tragédie est associée à deux émotions : la terreur et la pitié. Les personnages de tragédie doivent être illustres : d'origine noble, confrontés à des dilemmes épineux ou à des situations exceptionnelles, ils se conduisent en héros. D'ordinaire, la tragédie s'achève sur un événement funeste. L'idée que les hommes sont soumis à une fatalité et qu'ils ne contrôlent pas leur destin sous-tend ces tragédies.

Les dialogues, récités par les acteurs, étaient entrecoupés de morceaux lyriques, des chants et danses du chœur. La musique et les chorégraphies qui accompagnaient ses pièces sont perdues aujourd'hui, à part quelques fragments de partitions. Une tragédie est faite de différentes parties : elle commence par le *prologue*, avec un ou plusieurs acteurs qui présentent le sujet de la pièce, révélant souvent son dénouement. Vient ensuite la « *parodos* », partie chantée par le chœur. Puis viennent les *épisodes*, joués par les acteurs, séparés par des « *stasima* », parties chantées du chœur. L'« *exodos* » clôt le dernier « *stasimon* ». Les pièces étaient jouées en plein air, dans le théâtre d'Athènes, aux Dionysies de printemps.

Chez Eschyle, en dehors du coryphée qui prend la parole pour tout le chœur, il n'y avait que deux acteurs pouvant jouer plusieurs rôles différents successivement. Sophocle introduisit un troisième acteur pour accroître le nombre de personnages et les possibilités de dialogue.

DANS LA MÊME COLLECTION
(par ordre alphabétique)

- **Anonyme**, *La Farce de Maître Pathelin*
- **Anouilh**, *Antigone*
- **Aragon**, *Aurélien*
- **Aragon**, *Le Paysan de Paris*
- **Austen**, *Raison et Sentiments*
- **Balzac**, *Illusions perdues*
- **Balzac**, *La Femme de trente ans*
- **Balzac**, *Le Colonel Chabert*
- **Balzac**, *Le Lys dans la vallée*
- **Balzac**, *Le Père Goriot*
- **Barbey d'Aurevilly**, *L'Ensorcelée*
- **Barbey d'Aurevilly**, *Les Diaboliques*
- **Bataille**, *Ma mère*
- **Baudelaire**, *Les Fleurs du Mal*
- **Baudelaire**, *Petits poèmes en prose*
- **Beaumarchais**, *Le Barbier de Séville*
- **Beaumarchais**, *Le Mariage de Figaro*
- **Beauvoir**, *Mémoires d'une jeune fille rangée*
- **Beckett**, *En attendant Godot*
- **Beckett**, *Fin de partie*
- **Brecht**, *La Noce*
- **Brecht**, *La Résistible ascension d'Arturo Ui*
- **Brecht**, *Mère Courage et ses enfants*
- **Breton**, *Nadja*
- **Brontë**, *Jane Eyre*
- **Camus**, *L'Étranger*
- **Carroll**, *Alice au pays des merveilles*
- **Céline**, *Mort à crédit*

- **Céline**, *Voyage au bout de la nuit*
- **Chateaubriand**, *Atala*
- **Chateaubriand**, *René*
- **Chrétien de Troyes**, *Perceval*
- **Cocteau**, *La Machine infernale*
- **Cocteau**, *Les Enfants terribles*
- **Colette**, *Le Blé en herbe*
- **Corneille**, *Le Cid*
- **Crébillon fils**, *Les Égarements du cœur et de l'esprit*
- **Defoe**, *Robinson Crusoé*
- **Dickens**, *Oliver Twist*
- **Du Bellay**, *Les Regrets*
- **Dumas**, *Henri III et sa cour*
- **Duras**, *L'Amant*
- **Duras**, *La Pluie d'été*
- **Duras**, *Un barrage contre le Pacifique*
- **Euripide**, *Iphigénie à Aulis*
- **Euripide**, *Iphigénie en Tauride*
- **Euripide**, *Médée*
- **Flaubert**, *Bouvard et Pécuchet*
- **Flaubert**, *L'Éducation sentimentale*
- **Flaubert**, *Madame Bovary*
- **Flaubert**, *Salammbô*
- **Gary**, *La Vie devant soi*
- **Giraudoux**, *Électre*
- **Giraudoux**, *La Guerre de Troie n'aura pas lieu*
- **Gogol**, *Le Mariage*
- **Homère**, *L'Odyssée*
- **Hugo**, *Hernani*
- **Hugo**, *Les Misérables*
- **Hugo**, *Notre-Dame de Paris*
- **Huxley**, *Le Meilleur des mondes*
- **Jaccottet**, *À la lumière d'hiver*

- **James**, *Une vie à Londres*
- **Jarry**, *Ubu roi*
- **Kafka**, *La Métamorphose*
- **Kerouac**, *Sur la route*
- **Kessel**, *Le Lion*
- **La Fayette**, *La Princesse de Clèves*
- **Le Clézio**, *Mondo et autres histoires*
- **Levi**, *Si c'est un homme*
- **London**, *Croc-Blanc*
- **London**, *L'Appel de la forêt*
- **Maupassant**, *Boule de suif*
- **Maupassant**, *Le Horla*
- **Maupassant**, *Une vie*
- **Molière**, *Amphitryon*
- **Molière**, *Dom Juan*
- **Molière**, *L'Avare*
- **Molière**, *Le Malade imaginaire*
- **Molière**, *Le Tartuffe*
- **Molière**, *Les Fourberies de Scapin*
- **Musset**, *Les Caprices de Marianne*
- **Musset**, *Lorenzaccio*
- **Musset**, *On ne badine pas avec l'amour*
- **Perec**, *La Disparition*
- **Perec**, *Les Choses*
- **Perrault**, *Contes*
- **Prévert**, *Paroles*
- **Prévost**, *Manon Lescaut*
- **Proust**, *À l'ombre des jeunes filles en fleurs*
- **Proust**, *Albertine disparue*
- **Proust**, *Du côté de chez Swann*
- **Proust**, *Le Côté de Guermantes*
- **Proust**, *Le Temps retrouvé*
- **Proust**, *Sodome et Gomorrhe*

- **Proust**, *Un amour de Swann*
- **Queneau**, *Exercices de style*
- **Quignard**, *Tous les matins du monde*
- **Rabelais**, *Gargantua*
- **Rabelais**, *Pantagruel*
- **Racine**, *Andromaque*
- **Racine**, *Bérénice*
- **Racine**, *Britannicus*
- **Racine**, *Phèdre*
- **Renard**, *Poil de carotte*
- **Rimbaud**, *Une saison en enfer*
- **Sagan**, *Bonjour tristesse*
- **Saint-Exupéry**, *Le Petit Prince*
- **Sarraute**, *Enfance*
- **Sarraute**, *Tropismes*
- **Sartre**, *Huis clos*
- **Sartre**, *La Nausée*
- **Senghor**, *La Belle histoire de Leuk-le-lièvre*
- **Shakespeare**, *Roméo et Juliette*
- **Steinbeck**, *Les Raisins de la colère*
- **Stendhal**, *La Chartreuse de Parme*
- **Stendhal**, *Le Rouge et le Noir*
- **Verlaine**, *Romances sans paroles*
- **Verne**, *Une ville flottante*
- **Verne**, *Voyage au centre de la Terre*
- **Vian**, *J'irai cracher sur vos tombes*
- **Vian**, *L'Arrache-cœur*
- **Vian**, *L'Écume des jours*
- **Voltaire**, *Candide*
- **Voltaire**, *Micromégas*
- **Zola**, *Au Bonheur des Dames*
- **Zola**, *Germinal*
- **Zola**, *L'Argent*

- **Zola**, *L'Assommoir*
- **Zola**, *La Bête humaine*
- **Zola**, *Nana*
- **Zola**, *Pot-Bouille*

Lightning Source UK Ltd.
Milton Keynes UK
UKHW010741151021
392260UK00002B/498